AF279341

Nota al lector:

La ausencia de un ser querido duele. El dolor duele.

Permitirnos expresar las emociones que van surgiendo con la enfermedad y el final de la vida nos va a ayudar a atravesar el duelo con algo más de salud.

Acompañar a los niños con pérdidas implica claridad, presencia, rituales de despedida, facilitar otros vínculos, expresar lo que uno siente, sin disimular o tapar. Atravesar la pérdida nos abre un camino nuevo, desconocido... en el que el ser amado no puede ser visto, si bien lo vivido con él ocupa un lugar muy íntimo. El propósito de este relato es ayudar en edades tempranas a naturalizar el proceso de morir. Para quizás y sólo quizás, vivirlo sin tanto miedo.

—Me llamo Cosme y soy pastor. Tengo 70 años y voy en el todoterreno, acompañado por mi querido Tomasín, mi nieto de 6 años. Somos uña y carne y, cuando no tiene cole, mi hija deja que me acompañe arriba, al monte, a dar vueltas con las ovejas. Es muy listo, el muy pillín, y esos ratos me hacen muy feliz.

—Soy Tomás y voy al lado de mi abuelo a vigilar a las ovejas.
A su lado estoy aprendiendo, yo diría, mucho más que en el cole.
Es fácil con él; es un gran maestro.
Comprende la **VIDA** y me explica sus "juegos".

—Tomasín, ¡mira qué bien está mamando Violeta! Espera,
no te acerques mucho, su madre está inquieta.
Me adelanto yo, a ver.

—Se ha espantado la madre de Violeta.
Corre mucho y no ha visto...
El abuelo la sigue, pero...

—Tomasín, acércate. No tengas miedo.

—¿Qué le ha pasado? No se mueve. Hay sangre.

—Ven. Algo la ha asustado y se ha precipitado por el terraplén.
Ha muerto.

—¿No podemos bajar a ver si podemos salvarla?

—No. Ya no se puede. ¿Ves que ha dejado de moverse y no respira?
Ha muerto. Vamos a buscar a Violeta,
hemos de encontrarle otra madre.

Nos acercamos muy despacio a Violeta y, con gestos suaves,
el abuelo la anima a juntarse con el rebaño.

—Ahí lo tienes, Tomasín, está tetando de Calamidad. Qué bien.
Ha sido rápido.

—¿Y su madre, abuelo?, ¿la recogemos?

—No. Es peligroso. Y, además, soy de los que piensan
que la Vida se nutre con más vida. Otros animales
podrán beneficiarse, incluso la propia tierra.

Es la hora de cenar; mientras me pongo el pijama,
oigo hablar a mi madre y al abuelo. Hablan del hospital y
que mañana vendrá mi tío para hacerse cargo del rebaño.

Por fin, el abuelo ha vuelto a casa. Se le nota cansado y se ve muy delgado. Sus ojos están amarillos, su tripa y sus pies hinchados. Mamá me dice que no lo moleste, pero él me guiña el ojo y, en cuanto puedo, me meto en su habitación.

—¿Qué te pasa, abuelo? Se me ha hecho largo.
El tío no me dejó subir con él al monte.

—Estoy enfermo y no es cosa buena, Tomasín.
Mamá te contará.

—Yo quiero que me lo cuentes tú.
Puedo cuidar de ti y ayudar,
ya lo sabes.

El abuelo llama a mi madre y se miran con cariño.
Mi madre asiente. Se sienta con nosotros en la cama
del abuelo y me comienza a contar:

—Tomasín, no tardaré mucho en morir. No temas. ¿Recuerdas a la madre de Violeta? Murió y tú me ayudaste a acercarla a las demás. Estos días atrás hemos estado atentos a que formara parte del rebaño…, ¿verdad? Y lo ha hecho genial. Está creciendo a buen ritmo y se la ve contenta… Menudos brincos da.

Cuando yo me muera —prosiguió su abuelo—, estarás triste porque nos queremos mucho, mucho. Mamá también estará triste y los del pueblo. Pero, poco a poco, conocerás a otros niños, ¡que falta te hace! ¡Tanto abuelo, tanto abuelo…! Ya te vale.

Pasó el tiempo y finalmente despedimos al abuelo todos juntos, en un corro en torno a la hoguera, en la plaza del pueblo. Se oía el acordeón que tanto le gustaba. La gente estaba triste y alegre a la vez. Hablaban con orgullo de mi abuelo; de su bondad y de su honestidad.

Hoy Marta me ha venido a buscar a casa, con la bici.
Nos hemos ido a explorar caminos nuevos.
A lo lejos he oído los cencerros y alguien
que silbaba a los perros.

Me he acordado del abuelo y no he llorado esta vez.
Mi corazón sonríe. Sé que no puedo verlo,
pero una parte de él está en mí.

Violeta ya ha parido dos veces.
Si el abuelo la viera...

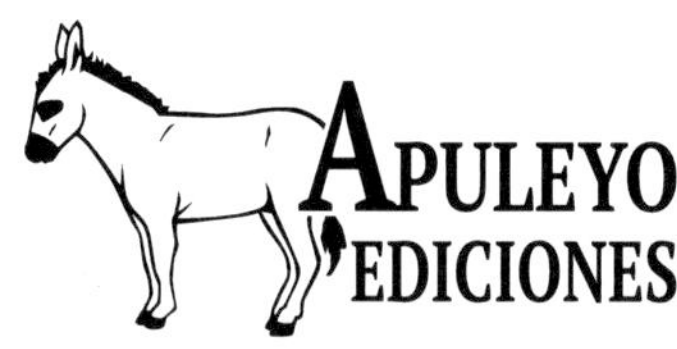
APULEYO
EDICIONES